TITRES
ET
TRAVAUX

PRÉSENTÉS

PAR

LE DR L.-H. DE MARTIN

Membre correspondant de la Société nationale d'agriculture de France
et de la Société royale centrale d'agriculture de Portugal ;
Secrétaire de la Société des agriculteurs de France (section de Viticulture) ;
Président du Comice agricole de Narbonne ;
Membre des Sociétés chimique de Paris, botanique de France,
de médecine et de chirurgie pratiques de Montpellier ;
Centrales d'agriculture de l'Aude, de l'Hérault, de la Côte-d'Or, de l'Isère,
de la Haute-Garonne, des Bouches-du-Rhône, du Gard,
de Vaucluse, du Rhône, de la Gironde et de l'Indre ;
Régionale de Viticulture du Rhône,
des Comices agricoles de Perpignan et de Toulon,
Des Associations scientifique de France et française pour l'avancement
des Sciences ;
Secrétaire général de la Société médicale d'émulation de Montpellier ;
Président du Comité local de Vigilance
et du
Syndicat de l'arrondissement de Narbonne contre le phylloxéra

---

MONTPELLIER
IMPRIMERIE CENTRALE DU MIDI
HAMELIN FRÈRES)

—

1883

TITRES
ET
TRAVAUX

PRÉSENTÉS

PAR

LE DR L.-H. DE MARTIN

Membre correspondant de la Société nationale d'agriculture de France
et de la Société royale centrale d'agriculture de Portugal ;
Secrétaire de la Société des agriculteurs de France (section de Viticulture) ;
Président du Comice agricole de Narbonne ;
Membre des Sociétés chimique de Paris, botanique de France,
de médecine et de chirurgie pratiques de Montpellier ;
Centrales d'agriculture de l'Aude, de l'Hérault, de la Côte-d'Or, de l'Isère,
de la Haute-Garonne, des Bouches-du-Rhône, du Gard,
de Vaucluse, du Rhône, de la Gironde et de l'Indre ;
Régionale de Viticulture du Rhône,
des Comices agricoles de Perpignan et de Toulon,
Des Associations scientifique de France et française pour l'avancement
des Sciences ;
Secrétaire général de la Société médicale d'émulation de Montpellier ;
Président du Comité local de Vigilance
et du
Syndicat de l'arrondissement de Narbonne contre le phylloxéra

MONTPELLIER
IMPRIMERIE CENTRALE DU MIDI
(HAMELIN FRÈRES)
—
1883

TITRES
ET
TRAVAUX

PRÉSENTÉS

par

LE Dr L.-H. DE MARTIN

TITRES SCIENTIFIQUES

Élève de l'École pratique de chimie et de physique de la Faculté de médecine de Montpellier. — Concours de 1857.

Élève de l'École pratique d'anatomie et d'opérations chirurgicales de la Faculté de médecine de Montpellier. — Concours de 1858.

Lauréat de la Faculté de médecine de Montpellier. Concours de 1857-1858. — 1er prix — *Médaille d'argent*.

Docteur en médecine, avec les mentions *bien* et *très-satisfait*.

Membre de la Société chimique de Paris.
— de la Société botanique de France. — A vie.
— de médecine et chirurgie pratiques de Montpellier.
— de l'Association scientifique de France.
— de l'Association française pour l'avancement des sciences. — A vie.

Secrétaire général de la Société médicale d'émulation de Montpellier.

TITRES AGRICOLES

Membre correspondant de la Société nationale d'agriculture de France.
— de la Société royale d'agriculture de Portugal.
Membre titulaire de la Société centrale d'agriculture de l'Aude.
— — de l'Hérault.
Membre honoraire ou correspondant de la Société d'agriculture de la Côte-d'Or.
— de la Société d'agriculture de la Haute-Garonne.
— — de l'Isère.
— — des Bouches-du-Rhône.
— — du Gard.
— — de la Gironde.
— — de Vaucluse.
— — du Rhône.
— — de l'Indre.
— du Comice agricole de Toulon.
— — viticole de Perpignan.
— de la Société régionale de viticulture du Rhône.
Président du Comice agricole de Narbonne.
— du Comité local de vigilance contre le phylloxera pour l'arrondissement de Narbonne.
— du Syndicat contre le phylloxera dans l'arrondissement de Narbonne.

APPAREILS PERFECTIONNÉS OU INVENTÉS

Bonde hydraulique. Tuyau courbe et soudé.
    —   Tuyau carré   —
    —   Tuyau courbe libre ⎱ avec trous multiples
    —   Tuyau carré — ⎰ au bas dans le seau.
Siphon automatique avec soupape obturatrice à axe vertical.
    —   en plusieurs pièces pour le transporter.
Appareil-moniteur de coulage, de fermentation et de conservation rationnelle pour tous liquides.
Soupapes explosifuges pour foudres et barriques.
    —   à liquide obturateur fixe et incongelable pour foudres et barriques.
Tube-pal pour l'emploi des insecticides dans le sol.
Guide-sarment pour le labourage des vignes à la vapeur.

RÉCOMPENSES OBTENUES

I. — Concours régionaux

1867. Carcassonne.—*Médaille de bronze* pour les bondes hydrauliques.

1867. Bordeaux. — *Médaille de bronze* pour les bondes hydrauliques.

1868. Montpellier. — *Médaille d'argent*, 1er prix, pour les bondes.

1872. Montpellier. — *Médaille de bronze* pour les soupapes explosifuges.

1872. Montpellier. — *Médaille de bronze* pour l'appareil-moniteur de fermentation, de coulage et de conservation rationnelle.

Membre du Jury aux Concours régionaux de : Annonay, — Nice, — Mende, — Tours, — Avignon, — Nîmes, — Perpignan, — Carcassonne.
— dans les deux derniers Concours de la prime d'honneur des irrigations, ouverts dans les Bouches-du-Rhône.
— dans le premier Concours pour la prime d'honneur des irrigations, ouvert dans les Pyrénées-Orientales.

Lauréat du Ministère de l'agriculture pour propagation d'instruments perfectionnés : *Médaille d'argent*.

II. — Sociétés diverses

1866. Société d'agriculture de l'Hérault.—*Médaille de bronze*, pour appareil servant à fabriquer le vin à l'abri du contact de l'air.

1866. Concours départemental de Narbonne.—*Médaille d'argent*, pour machines et instruments agricoles.
1868. Concours départemental de Carcassonne. — *Médaille d'or :* ensemble d'instruments servant à la fabrication, au maniement et à la conservation des vins à l'abri du contact des germes de l'air.
1868. Concours vinicole de Beaune. — *Médaille d'or*, pour appareils servant à faire et à conserver les vins à l'abri des germes de l'air.
1872. Comice agricole de Narbonne. — Rapporteur du Jury du Concours expérimental vinicole en 1872.

III — Expositions universelles internationales

1872. Lyon.— Hors Concours. — Membre et secrétaire du Jury pour les machines agricoles.
1873. Vienne (Autriche). — *Médaille de progrès*, pour instruments de vinification.
1878. Paris.— Collection de vins fabriqués à l'abri des germes de l'air. — Classe 75. — *Médaille d'argent*.
— Instruments de vinification et travaux sur la matière.— Classe 76. — *Médaille d'argent*.
— Instruments d'œnologie. — Classe 52. — *Mention honorable*.
1879. Paris. — Instruments de vinification.— *Médaille d'argent*.

Décorations. — Ordre du Christ de Portugal.
Ordre de la Couronne d'Italie.

TRAVAUX PUBLIÉS

I. — **Des Fermentations et des Ferments dans leurs rapports avec la physiologie et la pathologie.**
    Grand in-8°, **30** pages, 1865. Paris, librairie J.-B. Baillière et fils, rue Hautefeuille, 19.

II. — **Des Engrais alcalins extraits des eaux de mer.**
    In-8°, **16** pages, 1867. Paris, librairie agricole de la Maison Rustique, rue Jacob, 26.

III. — **Études sur la fabrication des fromages (fermentation caséique).**
    Grand in-8°, **60** pages, 1867. Paris, Librairie agricole.

IV. — **Association scientifique de France. — Compte rendu des travaux de la session de Montpellier.**
    In-8°, **11** pages, juin 1867. Montpellier, librairie Coulet, Grand'Rue, 5.

V. — **Lettre sur la fabrication agricole des vins à l'abri du contact de l'air.**
    In-8°, **4** pages, 1867. Paris, librairie Blériot, quai des Grands-Augustins, 55.

IV. — **Les Appareils vinicoles en usage dans le midi de la France.**
    In-8°, **120** pages. Paris, Librairie agricole.

VII. — **Fabrication des vins à l'abri du contact de l'air. — Expériences instituées à Montrabech, près Lézignan (Aude), en 1867.**
    In-8°, **12** pages, 1868. Paris, librairie Blériot.

VIII. — **Société médicale d'émulation de Montpellier. — Comptes rendus des travaux annuels 1864-1867.**
    In-8°, **16, 28, 27** pages. Montpellier, imprimerie Cristin.

IX. — **Les Trois Formes de la matière : — Minérale, Organique, — Organisée.**
    Grand in-8°, **170** pages, 1868. Paris, librairie Victor Masson et fils, place de l'École-de-Médecine.

X. — **Les Pressoirs au Concours régional agricole de Montpellier.**

Grand in-8°, **24** pages, 1868. Paris, Librairie agricole.

XI. — **Une visite au Concours agricole de Beaune (Côte-d'Or). — Exposition des vins nouveaux de la Bourgogne.**

In-8°, **14** pages, 1868. Paris, Librairie agricole.

XII. — **Les Corps gras naturels et artificiels. Considérations chimiques, physiologiques et médicales.**

Grand in-3°, **xii-216** pages, 1869. Paris, librairie Delahaye, place de l'École-de-Médecine.

XIII. — **Appareil-moniteur de coulage, de fermentation et de conservation rationnelle pour les vins.**

In-8°, **8** pages, avec planches, 1869. Montpellier, librairie Coulet.

XIV. — **Conférence faite à Perpignan sur la fabrication des vins à l'abri du contact de l'air, le 13 mars 1870.**

In-8°, **4** pages.

XV. — **De l'Action de l'acide sulfurique sur le moût.** Communication faite à la Société centrale d'agriculture de l'Hérault.

In-8°, **3** pages.

XVI. — **Association scientifique de France. — Compte rendu des travaux de la session régionale de Montpellier, mai 1872.**

In-8°, **120** pages, 1872. Montpellier, Coulet.

XVII. — **Les Fouloirs, Pompes, Pressoirs et autres Instruments d'intérieur de cave,** au Concours expérimental de Narbonne.

In-8°, **68** pages, avec tableaux, 1873. Paris, Librairie agricole.

XVIII. — **But, raison d'être et mode opératoire du coupage des vins en œnologie méridionale.**

In-8°, **16** pages, 1873. Paris, Librairie agricole.

XIX. — **Notes sur quelques propositions intéressant l'agriculture méridionale :** Des Concours régionaux et départementaux. — Enseignement de la viticulture et de la vinification. Création d'une Société régionale. - Étude des moyens propres à empêcher la dépopulation des campagnes.

In-8°, 16 pages, 1873. Paris, Librairie agricole.

XX. — **Rapports sur l'œnotherme Terrel des Chênes et sur les chaudières à échauder la vigne pour la destruction des pyrales.**

Grand in-8°, avec planches, 23 pages, 1873. Paris, Librairie agricole.

XXI. — **Fabrication des vins.** — Conférence faite à Narbonne (Aude), le 27 octobre 1872.

In-8°, 36 pages, 1873. Paris, Librairie agricole.

XXII. — **Rapports sur l'écorçoir Séguy et sur le chauffe-vin Pagis.**

In-8°, 15 pages, 1873. Paris, Librairie agricole.

XXIII. — **Note sur un tube-pal pour l'emploi des insecticides.** — **Musée agricole de Narbonne : son but et son fonctionnement.**

In-8°, 8 pages, 1873.

XXIV. — **Le Phylloxéra devant la Commission spéciale de l'Assemblée nationale à Montpellier.**

In-8°, 16 pages, 1873.

XXV. — **Assimilation des Musées agricoles, champs d'expériences, etc., aux Stations agronomiques, au point de vue des allocations de la Société des agriculteurs de France.** — **Prenons garde au phylloxéra.** — **Récompense nationale proposée pour M. Pasteur.**

In-8°, 8 pages, 1873.

XXVI. — **Rapport au Congrès viticole de Montpellier sur la visite à l'École régionale d'agriculture de la Gaillarde, près Montpellier.**

In-8°, 16 pages, 1874.

XXVII. — **Création d'une Station expérimentale, viticole et œnologique, dans le département de l'Aude, à Aussières.**

In-8°, 4 pages, 1874.

XXVIII.— **L'Eau et les Matières colorantes ajoutées à la vendange, au moût et non au vin, au point de**

vue de la loi, de l'hygiène, de la science œnologique et de la liberté de fabrication.

In-8°, **42** pages, 1874. Paris, Librairie agricole.

XXIX. — **Tribut à la viticulture et à l'œnologie méridionales.** (Les pompes à cuvier et les pompes sans réservoir. — L'outillage viticole et vinicole au Concours régional agricole de Toulon en 1873. — Action du plâtre sur la vendange et sur le vin. — Le sécateur vendangeur uvophore (porte-raisins). — L'outillage au Concours régional de Nice. — Une journée d'un pressoir Mabbille dans le département de l'Aude.

Grand in-8°, **60** pages, avec figures et tableaux, 1875. Paris, Librairie agricole.

XXX. — **La Vérité sur le plâtrage de la vendange** (Mémoire approuvé par l'Assemblée générale extraordinaire des Sociétés, Syndicats et Comices agricoles de la région méridionale).

In-8°, **14** pages, 1878. Paris, Librairie agricole.

XXXI. — **Tribut à l'agriculture méridionale.** (Préparation et conservation des graines de vers à soie. — L'outillage agricole au Concours général de Paris. — Un mot sur le vinage. — Ligue régionale pour la défense des intérêts agricoles du Midi. — Le plâtrage des raisins à la cuve.)

In-8°, **49** pages, 1880. Paris, Librairie agricole.

XXXII. — **Le Plâtrage de la vendange et du vin.**

Grand in-8°, **16** pages, 1880.

TRAVAUX SCIENTIFIQUES

Dès le début de mes études, attiré par les attraits de la chimie, j'apprenais de bonne heure à contrôler les phénomènes de la vie, par ce que cette science pouvait nous fournir de renseignements. La digestion, la nutrition, les virus, les miasmes, dont tant de mystères obscurcissaient encore le procédé opératoire, se mettaient au premier rang des recherches. L'examen des infiniment petits, entre les mains déjà célèbres de M. Pasteur, revenait en grand honneur parmi les savants, et les phénomènes divers de la fermentation ne tardaient pas à être scrutés de nouveau.

En 1865, je publiai mon premier mémoire sur les *Fermentations et les Ferments dans leurs rapports avec la physiologie et la pathologie*, dans lequel j'exposais des idées toutes nouvelles, profondément originales, auxquelles les découvertes récentes sur les virus ont apporté une précieuse confirmation. Le public scientifique voulut bien l'accueillir avec faveur, ainsi que le démontre l'extrait suivant :

« Nous ne prétendons pas, en en transcrivant ci-après les
» conclusions, donner une idée complète de l'intéressant tra-
» vail de M. de Martin ; nous les renvoyons donc au *Montpel-*
» *lier médical*, où ce travail a été inséré dans le cahier de fé-
» vrier. Jamais, selon nous, de si hauts problèmes n'avaient
» été élucidés avec autant de sagacité et, ce qui ne gâte rien,
» avec autant de clarté ; jamais la science n'avait touché de si
» près au secret de la nature. » (*Gazette médicale de Lyon*, 16 février 1865.)

En 1868, je faisais paraître mes études sur les *Trois Formes de la matière : minérale, organique, organisée*, dans lesquelles, au point de vue agricole, je faisais voir l'utilité et l'importance des organismes microscopiques, qu'alors j'appelais des *échobies* et qu'on nomme aujourd'hui des *microbes*, chargés de ramener à un état plus simple les matières organiques diverses. L'analyse suivante, faite par M. C. Mène (*Revue hebdomadaire de chimie scientifique et industrielle*, 19 novembre 1868), donnera une idée de ces recherches :

« L'auteur a eu pour but, dans ce travail, de démontrer que
» la matière est toujours minérale, quelle que soit la substance
» dont elle fait partie, et que, dans les mutations qu'elle subit,
» les lois physiques et chimiques conservent toujours leurs
» droits. En prouvant, par des faits expérimentaux, que le
» chimiste la gouverne à sa guise et la force à revêtir les de-
» grés de composition les plus complexes, M. de Martin cher-
» che à mettre à néant les doctrines des hétérogénistes, qui
» soutiennent que la matière peut d'elle-même s'organiser.
» Sans entrer dans aucun détail à ce sujet et sans même vou-
» loir toucher une pareille question, nous nous empressons
» de donner des louanges au talent de l'auteur, qui a su con-
» server dans ce cas un rôle digne et juste à la science, en
» mettant à la portée du monde des faits du plus haut intérêt
» et de la plus grande vérité. A ce titre, nous ne pouvons nous
» empêcher d'attirer l'attention sérieuse de toutes les person-
» nes qui s'occupent de chimie et de métaphysique. »

En 1869 paraissaient mes *Considérations chimiques, physiologiques et médicales, sur les corps gras naturels et artificiels*, basées, les unes, sur les magnifiques découvertes qui, dès les premières années du siècle, illustraient notre éminent maître, M. Chevreul, et les autres, sur les travaux de M. Berthelot relatifs à la synthèse chimique, et qui, de nos jours, lui ont valu l'admiration du monde savant.

TRAVAUX APPLIQUÉS A L'AGRICULTURE

Mes études premières en chimie pure devaient fatalement recevoir très-vite une application à l'agriculture méridionale. Fils d'un grand propriétaire, j'étais de bonne heure frappé des inconvénients de la fabrication usuelle des vins, soit dans des cuves non pontées, soit dans des foudres largement ouverts dans le haut. Mon attention avait été attirée spécialement sur les heureuses conséquences pratiques que pouvaient avoir les découvertes de M. PASTEUR sur les ferments des vins et du vinaigre. Jusqu'alors, dans les celliers, on fabriquait les vins dans des tonneaux ouverts et souvent dans des cuves quelquefois non pontées ; on était obligé, sous peine de gâter tout le produit, d'écrémer la partie supérieure du chapeau, avec laquelle on faisait une pressurée à part, fournissant du vinaigre. Une première perte était la fabrication d'un produit valant moins cher que le vin ; d'autre part, on courait le risque de compromettre, en outre, le vin de mère goutte, dans lequel, par une manœuvre inopportune ou par suite d'un écrémage insuffisant, on pouvait introduire des germes de ferment acétique.

Presque tout de suite, l'expérimentation m'ayant donné raison, je pus faire supprimer les cuves non pontées. Quant aux foudres, qui contiennent de 125 à 450 hectolitres, on les ferma à la partie supérieure par une trappe munie d'un trou de 4 à 5 centimètres de diamètre, dans lequel on introduisait le tuyau d'une bonde hydraulique. Très-rapidement on acquit la conviction que ce procédé était excellent, et, de bonne heure, les vins ainsi faits furent remarqués par le commerce, tant pour leur fabrication rationnelle que pour leur bonne tenue. Aujourd'hui les vins de Montrabech ont une certaine réputation.

En 1867, je publiai ma première notice sur ces faits, et en

1868, l'Académie des sciences voulait bien accueillir et insérer dans ses Comptes rendus une communication sur le même sujet, à l'occasion de nouvelles recherches faites dans ma cave d'expériences.

A mon exemple, un très-grand nombre de propriétaires, après être venus voir le mode de fabrication suivi à Montrabech, ont fabriqué le vin à l'abri des germes de l'air. De ce chef donc, je crois avoir rendu un service au pays, ne serait-ce qu'en conservant à la consommation les vins qui s'aigrissaient autrefois par suite du mode habituel de cuvage en quelque sorte en plein air.

Toutes les expériences depuis leur origine ont été faites et continuées à Montrabech, dont je suis devenu propriétaire il y a trois ans, et dont les vins sont spécialement recherchés par les négociants parce qu'ils ont toujours tenu ce qu'ils promettaient, ce à quoi ne sont pas étrangers le mode rationnel de fabrication et le système de transvasement ou de coupages, mettant le produit soigneusement à l'abri des germes dangereux de l'atmosphère.

La culture à peu près exclusive de la vigne dans nos régions m'a poussé de bonne heure à étudier la mécanique agricole spéciale à cette plante et à ses produits. C'est pourquoi, dès 1866-1867, je publiais mon petit livre sur les *Appareils vinicoles* du midi de la France, dont on annonçait l'apparition en ces termes :

« Le Concours régional de Carcassonne réunissait derniè-
» rement de nombreux et importants appareils de viniculture
» et de vinification usités dans le midi de la France. M. Louis
» de Martin, chimiste distingué, à qui l'on doit de nombreux
» et bons travaux sur les fermentations et la vinification,
» ayant eu l'occasion d'être rapporteur du Comice agricole de
» Narbonne en cette circonstance, vient de publier un travail
» du *plus haut intérêt*, donnant la description des machines
» en tous genres qui se trouvaient réunies dans cette fête agri-
» cole.

» Nous ne pouvons malheureusement entrer dans le dé-
» tail de toutes les richesses et documents que contient le livre
» de M. Louis de Martin; nous dirons seulement à nos lecteurs

» qu'en fait de pressoirs ordinaires, ils trouveront la descrip-
» tion de *huit* sortes d'appareils qui servent dans le Midi.
» L'auteur les examine avec soin dans leur pratique ; il parle
» de leurs avantages, de leurs inconvénients, de leur rende-
» ment mécanique, etc. En fait de pressoirs fixes, il y a *cinq*
» genres de machine très-usités, puis *sept* sortes de pressoirs
» mobiles ; viennent ensuite les fouloirs, dont *sept* systèmes
» sont décrits d'une manière précise et pratique.

» On rencontre encore d'autres instruments, tels que les
» bascules à peser les fûts, les régulateurs, les compteurs,
» les treuils, les crics, les pompes, les dégustateurs, les si-
» phons, etc., en un mot tous les engins usités dans la vinifi-
» cation.

» L'ouvrage se termine par un chapitre spécial, sur la fa-
» brication des vins à l'abri du contact de l'air. Nos lecteurs
» connaissent la compétence de M. Louis de Martin en pa-
» reille matière; aussi s'est-il plu à faire l'historique du mode
» de ce travail, à en étudier et à en développer les avantages,
» et nous pouvons dire hautement qu'il a accompli sa tâche
» avec *bonheur* et *mérite*.

» C'est donc un vrai service que l'auteur a rendu aux vigne-
» rons en général en publiant ce travail, qui, d'abord, n'était
» qu'un simple rapport au Comice de Narbonne, et qui, grâce
» au zèle de M. Louis de Martin pour la viniculture, s'est
» transformé en un livre.

» S'il nous était permis d'émettre une observation sur cet
» ouvrage, nous dirions que ce qui lui manque, ce sont des
» gravures donnant la représentation exacte des machines
» qui sont décrites. L'œuvre serait alors un *livre de premier*
» *ordre*. Nous ne doutons nullement que, cette édition épuisée,
» l'auteur ne comprenne notre pensée et qu'il ne lui donne
» satisfaction. La reconnaissance des viticulteurs lui sera ac-
» quise, car il les aura, dès lors, mis à même de connaître
» complètement tous les appareils les plus utiles dans chaque
» industrie. » (Mène, *Journal de l'agriculture*, 5 avril 1868.)

A la suite venaient mon travail sur les *Pressoirs* en 1868; sur
l'*Œnotherme Terrel des Chênes* ou sur les *Chaudières à échauder la vigne* en 1873; plus tard mon rapport sur les *Essais*

d'instruments faits à Narbonne, à l'occasion du Concours expérimental vinicole de 1872, dans lequel je consignais le résultat d'expériences sévèrement faites et contrôlées par des analyses ; en 1875, la série se continuait par mon *Tribut à la viticulture et à l'œnologie méridionales*, alors qu'apparaissait, en 1880, mon *Tribut à l'agriculture méridionale*.

Entre temps survenaient des questions controversées et intéressant l'agriculture du Midi, auxquelles j'étais amené à prendre quelquefois une grande part; telles étaient : la *dépopulation des campagnes et le manque de bras; l'amélioration des Concours régionaux et départementaux ; l'enseignement nomade de la viticulture et de la vinification;* le *vinage;* les *vins d'imitation; l'adultération des boissons*, etc., etc.

Le *plâtrage de la vendange* a été attaqué à plusieurs reprises comme étant dangereux pour la santé publique. Mon premier mémoire sur la matière fut approuvé *à l'unanimité* par la réunion plénière de tous les Syndicats, Sociétés ou Comices agricoles de la région méditerranéenne, qui eut lieu à Narbonne en décembre 1877, et il fut imprimé dans la brochure publiée par le Syndicat de Narbonne, à côté du mémoire juridique de Me Cauvet.

La restitution au sol m'a aussi occupé, et dès 1866 j'étudiais, comme rapporteur au Congrès d'Aix-en-Provence, les *engrais alcalins extraits des eaux de mer,* auxquels l'invasion du phylloxéra a donné une plus grande importance, tout traitement insecticide nécessitant l'intervention parallèle d'un engrais complet, alors qu'ailleurs je formulais des *Conseils pour servir à l'emploi des matières fertilisantes ou parasiticides dans le sol*.

Dans de nombreux articles de journaux ou dans des notes présentées aux Sociétés d'agriculture, j'ai étudié, par rapport au Midi, les *concours expérimentaux ; l'acidification des moûts provenant des raisins limonés, pour combattre la fâcheuse influence de la terre;* la *création de Comités de patronage pour les engrais contrôlés ou vendus sur titre garanti; l'emploi d'un tube-pal pour l'introduction des insecticides dans le sol; l'utilisation des marcs de raisin et des sarments de vigne pour la nourriture des bestiaux;* les *sulfocarbonates de potassium contre le phyl-*

loxéra; le *dosage facile du tannin;* le *transport des arbustes en provenance des pays phylloxerés dans les pays indemnes;* création *d'une Ligue régionale pour la défense des intérêts agricoles du Midi, sous les auspices des Comices et Sociétés d'agriculture de la région;* la *situation agricole annuelle de l'arrondissement de Narbonne, de* 1870 à 1883; les *Traités de commerce à la Chambre des députés;* le *Livre d'or de l'agriculture roussillonnaise;* l'*Agriculture au Congrès de Montpellier à l'Association française pour l'avancement des sciences;* les *moisissures des caves vinaires traitées par le bisulfite de chaux;* les *moyens pratiques de faciliter aux ouvriers la visite des Concours régionaux,* etc., etc.

Un certain nombre de conférences sur le phylloxéra, les vers à soie, etc., ont été analysées dans diverses publications.

En somme, en dehors de mes travaux personnels, j'ai mis au service de mon pays tout ce que je pouvais glaner de bon et d'utile dans les diverses régions de la France ou de l'étranger que j'ai eu l'occasion de visiter, en publiant le résultat de mes observations, en en vulgarisant les méthodes ou en important les instruments que j'avais remarqués, et dont une collection assez nombreuse donne au musée spécialement œnologique de Montrabech un certain intérêt.

19

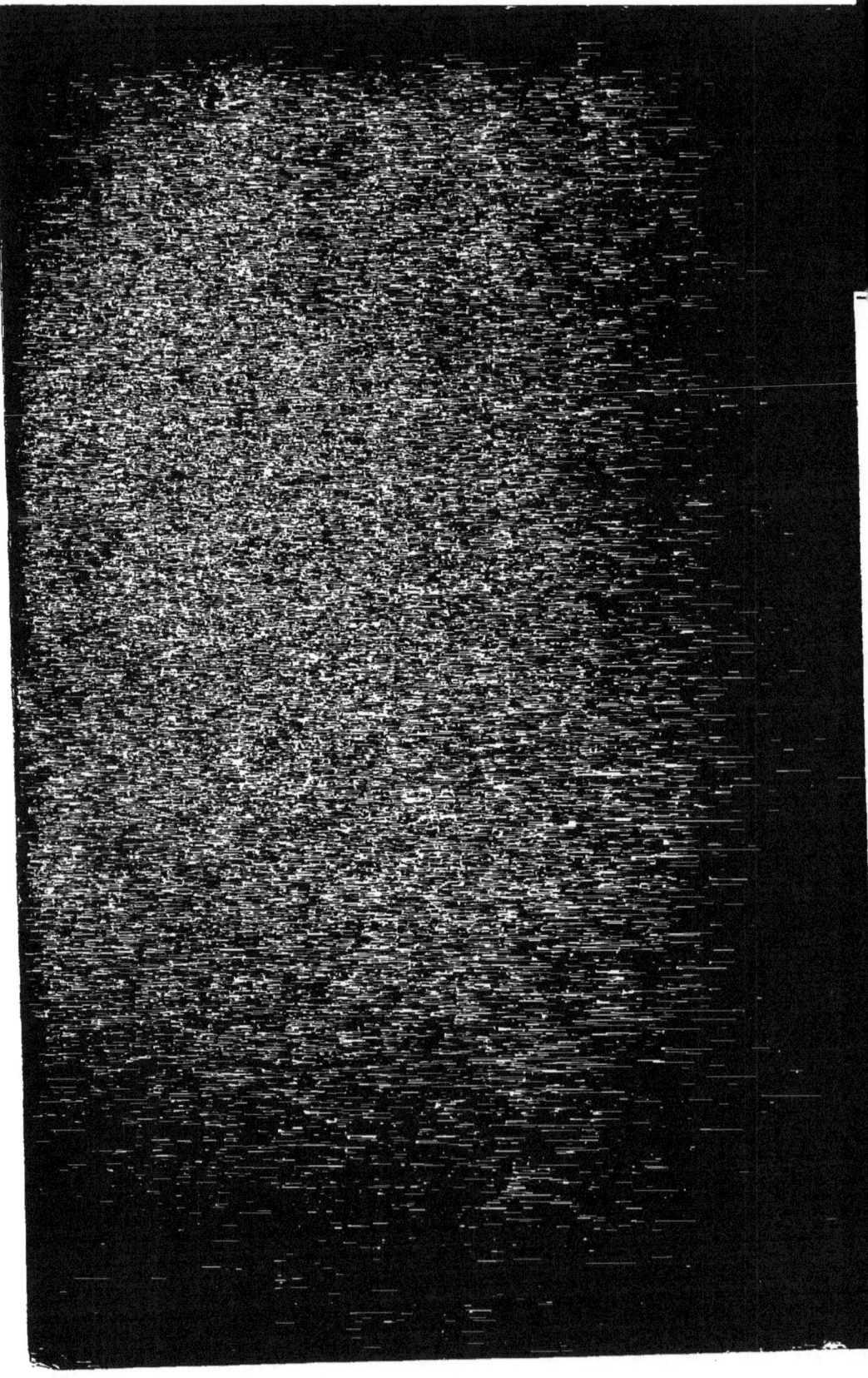

www.ingramcontent.com/pod-product-compliance
Lightning Source LLC
Chambersburg PA
CBHW060915050426
42453CB00010B/1738